AF357758

revendu imparfait pour un maître, de plus
il est très piqué a la fin.

taché et raccommodé.

revendu acause de mouillure

mouillé et piqué.

Cailleano

Mlle Bodot

la même

la même

Merlin

~~Clere~~ Merlin

Chobee.

Merlin.

Mlle Bodot

Darré.

Mlle Bodot

NOTICE DES LIVRES

DE FEU M. LE PITRE,

PROFESSEUR DE RHÉTORIQUE AU COLLÉGE DE VERSAILLES;

Dont la Vente se fera les lundi 15, et mardi 16 octobre 1821, en l'une des Salles de l'Hôtel de Bullion, rue J. J. Rousseau, n° 3, à six heures de relevée.

N° I. 12 *vol. in-fol.* dont :

Lexicon græco-latinum Jac. Tusani. *Parisiis*, 1552, dem. rel.   4.

Plutarchi Opera, gr. et lat. *Lugd. Bat. (Francof.)* 2 *vol. bas.*   27. - 5.

J. Stobæi Sententiæ, gr. et lat. *Tiguri*, 1559, *bas.*   7. 50.

Herodoti Historiæ, gr. et lat. *Excud. Paul. Stephanus*, 1618, *v. m.*   11. - 5.

Strabonis Geographia, gr. et lat. stud. T. J. ab Almeloveen. *Amst.* 1707, 2 *vol. vél.*   45. - 5.

Demosthenis et Æschinis Opera, gr. et lat. *Colon. Allobr.* 1607, *v. f. dent.*   14. - 95.

Platonis Opera, gr. et lat. ex interpr. Mars. Ficini. *Francof.* 1602, *v. f.*   34. - 5.

N° II. 13 *vol. in-fol.* dont :

Virgilii Opera, cum not. L. de la Cerda. *Lugduni,* 1619, 3 *vol. in-fol. v. b.*   15.

Æliani Opera, gr. et lat. *Tiguri, v. f.*   11.

Themistii Orationes, gr. et lat. cum observ. J. Harduini. *Parisiis, e typ. reg.* 1684, *v. m.*   16. - 95.

Senecæ philosophi Opera. *Parisiis*, 1602, dem. rel. } 11. - 60.
Xenophontis Opera, gr. et lat. opera J. Leunclavii. *Francof.* 1596, *v. b.*

A

3 . . 20   Plinii Hist. naturalis, stud. J. Dalecampii. *Aurel. Allobr.* 1606, *rel. en peau.*

N° III. 20 *vol. in-*4. *rel.* dont :

5 . . 5   Dictionarium lat. gallicum, auct. Danetio, et Diction. franç. lat. par Le Brun. *Paris*, 1756, 2 *vol. v. b. et dem. rel.*

19 . 95   Sophoclis Tragœdiæ, gr. et lat. curante J. Capperonerio. *Parisiis*, 1781 , 2 *vol. bas.*

8 . 46 . . 5   Collectio Pisaurensis omnium poematum, carminum latinorum. *Pisauri*, 1766, 6 *vol. v. m.*

9 . . 5   { Horatius, cum notis Lambini. *Lutetiæ*, 1580, *v. b.*
{ Tables chronologiques de l'hist. universelle, par Blair. *Paris*, 1795, *cart.*

8 . 12 . . . .   Arriani Epictetus, gr. et lat. = Simplicius, gr. *Venetiis, fratres de Sabio*, 1528, 1 *vol. vél.* Première Edition. Rare.

N° IV. 50 *vol. in-*8. dont :

66 . . 5 .   Lycée, ou Cours de Littérature , par La Harpe. *Paris*, *an* VII, 19 *vol. bas.*

18 . . 5   Œuvres complètes de Mably. *Lyon*, 1792, 12 *vol.* dem. rel.

29 . . 5   Histoire de France pendant le XVIIIe siècle, par Lacretelle. *Paris*, 1810, 6 *vol. v. f.*

35 . . —   Origine de tous les cultes, par Dupuis. *Paris*, *l'an* III , 12 *vol. bas. et atlas.* en. rel.

N° V. 76 *vol. in-*12. *rel.*

120 . . 5   Histoire naturelle de Buffon. *Paris, de l'Imp. roy.* 76 *vol. fig. v. m.* savoir : Hist. nat. 31 *vol.* = Oiseaux, 18. = Minéraux, 9. = Supplément, 14. = Serpens et Ovipares , 4.

N° VI. 49 *vol. in-*8. dont :

18 . . 25   Les Comédies de Térence, en lat. et en françois, trad. par Le Monnier. *Paris*, 1771, 3 *vol. fig. v. rac.*

Mlle Bodot.

Delau

chobec.

P

M^e pichard.
Cailleau
P
chirmot.

Le Clerc.

Cauette.

rélié en papier

Dionysius Mill.

Labille

revurson pour une tache de
crottes

Merlin
clerc.
Legrand
idem

p.

Langlois
Merlin
Leclerc.

p.

gomet.
p.
Delan
chimot.

. Dabin

Scriptores erotici græci, gr. et lat. *Biponti*, 1792, 3 *vol. v. rac.*

Dionysius Halicarnassensis, gr. et lat. edente Reiske. *Lipsiæ*, 1774, 6 *vol. dem. rel. dos de m.*

Thucydidis Historiæ, gr. et lat. *Biponti*, 1788, 6 *vol. v. rac.*

Horatius, cum notis Baxteri. *Londini*, 1725, *v. rac.*

Xenophontis memorabilia, gr. et lat. studio J. A. Ernesti. *Lugd. Bat.* 1772, *dem. rel.*

F. Sanctii Minerva, cum notis var. *Amst.* 1761, *v. b.*

Morceaux extraits de Pline, en lat. et en franç. trad. par Gueroult. *Paris*, 1809, 2 *vol. dem. rel.*

Hist. naturelle des Animaux, de Pline, trad. par le même. *Paris*, 1802, 3 *vol. dem. rel.*

Bibliotheca Rhetorum, auct. Le Jay. *Paris.* 1809, 2 *vol. bas.*

Histoire de Thucydide, trad. du gr. par Levesque. *Paris*, 1795, 4 *vol. dem. rel.*

Tacite, en lat. et en franç. trad. par Dureau de La Malle. *Paris*, 1808, 5 *vol. v. rac.*

Voyage d'Anacharsis en Grèce, par l'abbé Barthélemy. *Paris, l'an* VII, 7 *vol. et atlas in-4. v. rac.*

N° VII. 47 *vol. in-8.* dont :

Œuvres de Plutarque, trad. par Amyot. *Paris*, 1801, 25 *vol. fig. v. porph. dent.*

Jérusalem délivrée, poëme du Tasse, trad. de l'italien, par M. Le Brun. *Paris*, 1774, 2 *vol. fig. v. f. dent. Gr. Pap.*

Œuvres de Sénèque le Philosophe, trad. par La Grange. *Paris, l'an* III, 6 *vol. dem. rel.*

Antiquités romaines, par Adam, trad. de l'anglois. *Paris*, 1818, 2 *vol. br.*

N° VIII. 43 *vol. in-8.* dont :

Histoire de la Décadence de l'empire romain, par

Gibbon, trad. de l'angl. *Paris*, 1788, 18 *vol. dem. rel.*

20 - - - Cours d'Etude, par Condillac. *Paris*, 1796, 16 *vol. dem. rel.*

4 - - 5 Les Trois Fabulistes, publ. par M. Gaïl. *Paris*, 1796, 4 *tom. en* 3 *vol. dem. rel.*

Nº IX. 31 *vol. in-*8. dont :

17 - - 50 Histoire philosophique, par Raynal. *Genève*, 1783, 10 *vol. v. éc.*

13 - - - Dictionnaire de lá Fable, par Noël. *Paris*, 1803, 2 *vol. cart.*

9 - - - Œuvres de Dumarsais. *Paris*, 1797, 7 *vol. cart.*

Nº X. 34 *vol. in-*4. *et in-*8. dont :

11 - - 30 Dictionnaire françois–allemand. *Lausanne*, 1801, 2 *vol. in-*4. *br.*

20 - - 95 Dictionnaire de l'Académie. *Paris*, 1814, 2 *vol. in-*4. *br.*

12 - - - M. Tull. Ciceronis Orationes. *Parisiis*, 1738, 3 *vol. in-*4. *vél.*

12 - - 30 Dictionnaire grec-françois, par Planche. *Paris*, 1809, *in-*8. *bas.*

3 - - 55 Dictionnaire françois-anglois, par Boyer. *Lyon*, 1768, 2 *vol. in-*8. *bas.*

6 - - - Valère Maxime, trad. du lat. par Binet. *Paris*, *l'an* iv, 2 *vol. in-*8. *cart.*

8 - - - Grammaire des Grammaires, par Girault Duvivier. *Paris*, 1814, 2 *vol. in-*8. *br.*

Nº XI. 52 *vol. in-*8. dont :

23 - 10 Géographie, par Mentelle et Malte–Brun. *Paris*, 1803, 15 *vol. dem. rel. et atlas.*

18 - - - Contes et Nouvelles en vers, par de La Fontaine. *Amst.* 1764, 2 *vol. fig. m. r.*

7 - - 50 Œuvres choisies de La Harpe. *Paris*, 1806, 4 *vol. dem. rel.*

Le clerc

p

Le clerc

p

Delau

Roannet.

p

Delau

p

p

m^lle Dodot.

p

Cordier

giroud

Caillean

il marque le tome 16, et l'atlas est imparfait

revu on a cause d'imperfection et
mouilleurs.

Roannet

Delau

p.

Le Clerc.

Delau

p.
p.
p.

p.
gobet

p.
gobet.
Cordier
m^lle Bodet
gobet
iden
Roannet.

Œuvres de Racine, avec le Comment. de La Harpe.   26.. 9.
    Paris, 1807, 7 *vol. v. rac.*

Le Roman comique, par Scarron. *Paris, l'an* iv,   8. 5.
    3 *tom. en* 2 *vol. fig. v. rac.*

Œuvres de Montesquieu. *Basle*, 1799, 8 *vol.* 12.85.
    dem. rel.

Œuvres de mad. Riccoboni. *Paris*, 1786, 8 *vol. fig.* 23.5.
    bas. dent.

N° XII. 92 vol. in-12.

Œuvres complètes de Voltaire. *Kehl, de la société* ~~155~~.
    litt. typographique, 1785, 92 *vol. bas. Papier à* 130.
    la Croix.

N° XIII. 56 vol. in-12. dont :

Histoire de France, par Velly, avec l'avant Clovis. 34. 65
    Paris, 1755, 32 *vol. v. m.*

Mémoires de Sully. *Londres*, 1778, 8 *vol. bas.* — 13. 80

Œuvres de Thomas. *Paris*, 1773, 4 *vol. v. éc.* . 5. 95.

Etat et Délices de la Suisse. *Basle*, 1776, 4 *vol. fig.* - 4 95
    dem. rel.

N° XIV. 62 vol. in-12. dont :

De l'Allemagne, par madame de Staël. *Paris*, 1815, 5.. 95.
    3 *vol. dem. rel.*

Histoire de Cleveland, par l'abbé Prevost. *Paris*, 6.
    1808, 6 *vol. dem. rel.*

Le Doyen de Killerine, par le même. *Lille*, 1771, 4. 15.
    3 *vol. v. éc.*

Histoire du Chev. Grandisson, trad. de l'anglois, 5. 25.
    par le même. *Amst.* 1776, 4 *vol. v. m.*

Le Théâtre de la Foire. *Paris*, 1737, 10 *vol. v. m.* 7. 60.

Théâtre de Pannard. *Paris*, 1763, 4 *vol. v. m.* - - -3.. 80.

Chefs-d'Œuvre de Dancourt. *Paris*, 1783, 4 *vol.* 2.. 85.
    dem. rel.

Chefs-d'Œuvre de Corneille. *Paris*, 1785, 3 *vol. v. m.* 4. 20.

Œuvres de Virgile, en lat. et en françois. *Paris*, 7. 70.

1780, 4 *vol. bas.* = Horace de Sanadon. 1756,
3 *vol. bas.*

3 -- OEuvres de Vadé. *Londres*, 1785, 6 *vol. in-*18. *bas.*

N° XV. 70 *vol. in-*12.

28- 10 Histoire Ancienne, par Rollin. *Paris*, 1769,
14 *vol. bas.*

31 . 6o = Romaine, par le même. *Paris*, 1786, 16 *vol. bas.*

36-- = Du Bas-Empire, par Le Beau. *Paris*, 1757,
24 *vol. bas.*

22 -- = Des Empereurs, par Crevier. *Paris*, 1763,
12 *vol. v. m.*

7..35 Traité des Etudes, par Rollin. *Lyon*, 1808, 4 *vol. bas.*

N° XVI. 58 *vol. in-*12. dont :

13..10 Précis de l'Histoire universelle, par Anquetil.
Paris, an VII, 9 *vol. dem. rel.*

2. 15 --- Corn. Taciti Opera, cum not. G. Brotier. *Parisiis*,
1776, 7 *vol. cart.*

11--- Titi Livii Historiæ, ex recens. J. B. L. Crevier.
Parisiis, 1785, 6 *vol. bas.*

3..55 Poetæ Minores Græci, gr. et lat. cum observ. Rad.
Wintertoni. *Cantab.* 1700, *dem. rel.*

5--- Quintilien de l'Institution de l'orateur, trad. par
Gedoyn. *Paris*, 1770, 4 *vol. bas.*

7--- Les Tragédies d'Euripide, trad. du grec par Prevost. *Paris*, 1782, 4 *vol. bas.*

4..8o Lucrèce, trad. par La Grange, avec le texte en
regard. *Paris*, an VII, 2 *vol. bas.*

N° XVII. 70 *vol. in-*12. dont :

4..10 OEuvres de Virgile, trad. par Desfontaines, avec le
texte en regard. *Paris*, 1770, 4 *vol. bas.*

5--- Principes de la Littérature, par l'abbé Batteux.
Paris, 1774, 5 *vol. bas.*

7..5 Histoire de miss Clarisse Harlowe, trad. de l'angl.
de Richardson. *Paris*, 1777, 7 *vol. v. m.*

p

Le Clerc

idem

p

gregoire fils

p

Mlle Bodot

Mlle Bodot

Le grand

Budot

Mlle Bodot

p

Delan

Langlois

p

grégoir fils .

p.

giroux

p.

p.

p.

p.

p.

p.

p.

reçu un imparfait d'un feuillet, et mis un exempl. d
la p... d... certain. in 8. fig

Caillard   la pucelle 1ere ________________ 3 ft.

Cauette   complet
Langlois
gond
n lle b...

p

p

Delans

p.

clerc

Le Spectateur, trad. de l'anglois. *Paris*, 1754, 15. 60.
    9 *vol. bas.*
OEuvres de Boileau. *Paris*, 1809, 3 *vol. dem. rel.*   3. 65
== De l'abbé de Saint-Réal. *Amst.* 1740, 6 *vol. v. m.*   6. 40.

Nº XVIII. 87 *vol. in*-12. dont :

OEuvres choisies de Cervantes, trad. par Bouchon   12. 30.
    Dubournial. *Paris*, 1807, 8 *vol. fig. dem. rel.*
La Folie espagnole, par Pigault-le-Brun. *Paris*,   5. 20.
    1801, 4 *vol. dem. rel.*
Corinne, ou l'Italie, par madame de Staël. *Paris*,   4. 60.
    1812, 3 *vol. dem. rel.*
Delphine, par la même. *Paris*, 1809, 6 *vol. br.* - -   5. 5.
Les Veillées du château, par madame de Genlis.   5. 90
    Paris, 1804, 3 *vol. dem. rel.*
Le Testament, par Auguste La Fontaine. *Paris*,   5. 55
    1812, 5 *vol. dem. rel.*
Les Mille et un Jours, contes persans, trad. par   6. 10.
    Petis de La Croix. *Paris*, 1766, 5 *vol. bas.*

Nº XIX. 39 *vol. in*-8. dont :

Isocratis Orationes, gr. et lat. *Parisiis*, 1621, *bas.*   3. 10.
Luciani Opera, gr. et lat. *Salmurii*, 1619, 2 *vol. v. b.*   5. 5.
Dictionnaire de la Fable, par Chompré et Millin.   6. 15
    Paris, 1801, 2 *vol. cart.*
Satires de Perse, trad. par Selis, avec le texte en   2. 50.
    regard. *Paris*, 1776, *dem. rel.*
Leçons de Littérature et de Morale, par Noël et de   7. 5.
    La Place. *Paris*, 1805, 2 *vol. dem. rel.*
Mémoires de Goldoni. *Paris*, 1787, 3 *vol. dem. rel.*   3. 60.
Shakespeare, trad. de l'anglois, par Le Tourneur.   30. 40.
    Paris, 1776, 20 *vol. bas.*

Nº XX. 86 *vol. pet. in*-12. dont :

OEuvres de Molière, avec les notes de Bret. *Paris*,   9. 5.
    1778, 8 *vol. v. m.*
== D'Alexis Piron. *Paris*, 1775, 9 *vol. v. m.* - - -   7. 80.

8.. -- OEuvres de Regnard. *Paris,* 1758, 4 *vol. m. r.*

6 Théâtre de Voltaire. *Londres,* 1782, 10 *vol. fig. v. m.*

8..55 OEuvres de Destouches. *Paris,* 1774, 10 *vol. v. m.*

11.-15 Contes de J. Boccace, trad. en franç. *Londres,* 1779, 10 *vol. fig. v. éc.*

3..25 OEuvres de La Chaussée. *Paris,* 1762, 5 *vol. v. m.*

N° XXI. 60 *vol. in-*12. dont :

45.-- OEuvres complètes de J. J. Rousseau. *Kehl, de l'imp. de la Soc. lit. typ.* 1783, 34 *vol. bas.*

N° XXII. 110 *vol. in-*12. la plupart brochés, dont :

2 -70 Plinii Epistolæ et panegyricus. *Lugd. Bat. ex offic. Elzeviriana,* 1640, *vél.*

1..85 { Selecta Senecæ Phil. Opera. *Paris. Barbou,* 1761, *v. m.* } { Aug. Alsteni liber de juventutis institutione. *Amst. Lud. Elzevirius,* 1653, *vél.* }

2..35 { Frontini Strategemata, ed. Valart. *Paris.* 1763, *bas.* } { Senecæ Tragœdiæ, cum not. Farnabii. *Lugd.* 1657, *v. b.* } { Plauti Comœdiæ, cum not. Farnabii. 1610, *v. b.* }

Les Livres seront exposés dans l'ordre qui suit :

1re *vacation, le lundi* 15 *octobre* 1821.

Les n°s XXII, XX, XVII, XVIII, X, II, IV, XIX, XV, VII, XXI, XII.

2e *vacation, le mardi* 16.

Les n°s XIV, XVI, XIII, XI, I, III, VIII, IX, VI, V.

A Paris, chez MM. { DE BURE frères, Libraires du Roi et de la Bibliothéque du Roi, rue Serpente, n° 7. LAURENS, Commissaire-Priseur, rue de la Monnoie, n° 5. }

DE L'IMPRIMERIE DE CRAPELET.

giroux
p.
chimot.
Delan

p.

le clerc.

giroux

idem

idem

il manque le ~~t...~~ 2.e P.

Montant des vacations.		acheté
1.re — — — — — 1154..65.		1.er vac — — — — — 00..00.
2.d — — — — 1101.60		2.d — — — — 179..05
total — — 2256.25		total — — 179..05.